쓱쓱 싹싹

예쁘게 색칠도 하고 사라진 그림도 찾아 그려주세요

사랑하는 _____ 에게 _____ 가 드립니다

하늘
기획

세월이 흐르자 사람들은 하나님을
잊어버렸어요. 놀고 먹고 싸우고
도둑질하고 나쁜 짓만 했어요.
그래서 하나님의 마음이
매우 슬펐어요.

4

노아는 하나님의 은혜를 입은 사람이였어요.
하나님께서 노아에게 말씀하셨어요.
"이 땅을 홍수로 멸망시키겠다. 비가 많이 올 테니
너를 위하여 방주(큰 배)를 만들어라"

하나님의 말씀을 따라
노아와 가족은 산꼭대기에서
방주를 만들었어요.
사람들은 비웃으며
노아와 가족을 놀렸어요.

8

노아와 가족은 100년 동안이나
방주를 만들었어요.
드디어 완성되었어요.
노아는 정말
기뻤어요.

무엇이 사라졌을까요? 예쁘게 색칠도 하고 사라진 그림도 찾아 그려 주세요

노아와 가족과 호랑이, 사자, 코끼리, 토끼, 비둘기…
깨끗한 동물 7쌍, 부정한 동물 2쌍씩 방주 안으로 들어가기 시작했어요.

하나님께서 불러 모으신 동물과 노아와 가족은 방주(큰 배) 안으로 모두 들어갔어요.
하나님은 방주의 문을 "쾅" 하고 닫으셨어요.

하나님이 말씀하신 것처럼
비가 오기 시작했어요.
하루 이틀이 지나
40일 동안 계속해서
내린 비는 큰 강이
되었어요.

16

커다란 산과 나무도 집도 사람도
모두 모두 물에 잠겼어요.
온 세상이 물에 잠기자
노아의 방주가
물 위로 떠올랐어요.

땅위의 동물과 사람은 물에 빠져 죽었어요.
하지만 방주 안에 있는 노아와 가족과
동물은 모두 모두 안전했어요.

40일이 지나자 비가 그치고 물이 조금씩 줄었어요.
방주가 아라랏산에 멈추었어요.
노아는 먼저 까마귀를 날려 보냈어요.
하지만 까마귀는 돌아오지 않았어요.

이번에는 비둘기를 밖으로 날려 보냈어요..
얼마 후 비둘기가 감람나무 잎을 물고 왔어요.

24

노아와 가족과 동물은 모두 방주 밖으로 나왔어요.
노아와 가족은 기뻐하며 하나님께 감사했어요.

향긋한 풀냄새, 흙냄새, 시원한 바람, 높고 푸른 하늘
모든 것을 주신 하나님께 찬양을 했어요.

28

노아와 가족은 하나님 앞에 감사의 제사(예배)를 드렸어요.

무엇이 사라졌을까요? 예쁘게 색칠도 하고 사라진 그림도 찾아 그려 주세요

하나님은 다시는 세상을
물로 심판하지 않겠다고 약속하셨어요.
그 증거로 무지개를 보여 주셨어요.

노아의 식구는 모두 몇 명일까요?　　　　　.....................명